L'Éveil de l'Amour maternel universel

Sri Mata Amritanandamayi

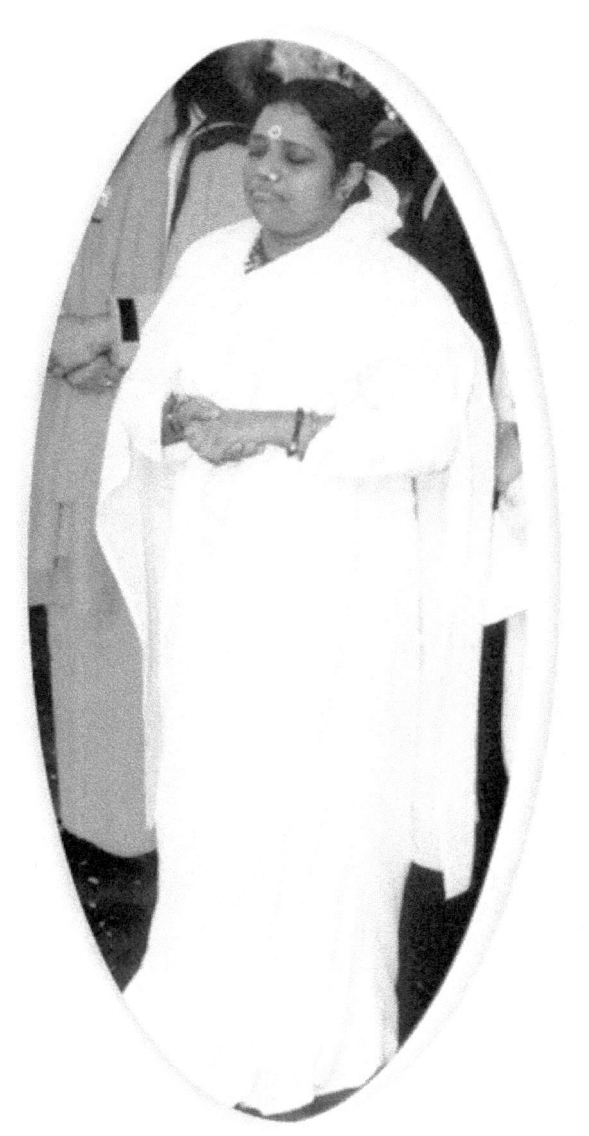

L'Éveil de l'Amour maternel universel

Un discours prononcé par
Sri Mata Amritanandamayi

devant le
**Mouvement pour la Paix dans le Monde
des Femmes Chefs religieux et spirituels**

*Palais des Nations, Genève
7 octobre 2002*

Mata Amritanandamayi Center, San Ramon
Californie, États-Unis

L'Éveil de l'Amour maternel universel

Publié par:
Mata Amritanandamayi Center
P.O. Box 613
San Ramon, CA 94583
États-Unis

–The Awakening of Universal Motherhood (French) –

Copyright © 2003, Mata Amritanandamayi Mission
Trust, Amritapuri, Kollam, Kérala 690546, Inde
Tous droits réservés. Aucune partie de cette
publication ne peut être enregistrée dans une banque
de données, transmise ou reproduite de quelque
manière que ce soit sans l'accord préalable et la
permission expressément écrite de l'auteur.

Première édition par le Centre MA : septembre 2016

En France :
Ferme du Plessis
28190 Pontgouin
www.ammafrance.org

En Inde :
www.amritapuri.org
inform@amritapuri.org

Table des matières

Prière	6
La puissance de l'Amour maternel	9
Discours de remerciement	31
L'Éveil de l'Amour maternel universel	35

Prière

असतो मा सद्गमय

तमसो मा ज्योतिर्गमय

मृत्युर्मा अमृतंगमय ॥

॥ शान्तिः शान्तिः शान्तिः ॥

**Om asato mā sadgamaya
tamaso mā jyotirgamaya
mṛtyormā amṛtaṁ gamaya
Om śāntiḥ śāntiḥ śāntiḥ**

Om, guide-nous de l'illusion à la Vérité,
des ténèbres vers la Lumière,
de la mort à l'Immortalité.
Om, paix, paix, paix

Avec la Lumière de la Paix

Préface

La puissance de l'Amour maternel

Par Swami Amritaswarupananda Puri

Quand les nations du monde, sous le choc de la première guerre mondiale et de l'effusion de sang qui en avait résulté, se donnèrent la main, naquit un temple de paix, la « Ligue des Nations ». Son siège était à Genève, en Suisse. Au moment où des nations rivalisaient de puissance, la Ligue fut en vérité un phare montrant aux peuples et aux classes dirigeantes la voie de la paix, ce qui était sa mission. La deuxième guerre mondiale mit fin à la Ligue des Nations, mais les nations du monde s'assemblèrent à nouveau pour constituer les Nations-Unies.

Du 6 au 9 octobre 2002, les nations se sont de nouveau rassemblées à Genève : il s'agissait d'une rencontre de femmes, chefs spirituels et religieux, venues du monde entier et représentant toutes les religions. Elle était organisée par le Mouvement pour la Paix Mondiale des

Femmes Chefs Religieux et Spirituels, à l'initiative du Sommet du Millénaire pour la Paix mondiale, qui s'était tenu deux ans auparavant aux Nations Unies à New York. Des représentantes d'environ 125 nations se sont réunies à Genève pour y participer.

Il y eut le 6 octobre deux séances principales. La première se déroula à l'hôtel Beau-Rivage, au cœur de Genève. Les femmes se sont réunies en une seule communauté transcendant les frontières des religions, des cultures, des races et des langues pour prier et méditer ensemble, unies par le désir intense de voir régner la paix dans le monde : un premier pas sur la voie de la paix.

Amma arriva à quinze heures environ à l'entrée de l'hôtel Beau-Rivage. Elle fut accueillie par l'organisatrice du Mouvement, Mme Dena Merriam, et par le secrétaire général du Sommet, M. Bawa Jain, qui l'attendaient au foyer de l'hôtel et l'accompagnèrent pour lui présenter les représentants du groupe *Ruder Finn* et ceux d'une société américaine productrice de documentaires, *One Voice International*. L'interview commença immédiatement :

Préface

« S'il existe une voie qui mène à la paix mondiale, quelle est-elle ? » demanda le *groupe Ruder Finn*.

« C'est très simple » dit Amma en souriant, « le changement doit d'abord se produire à l'intérieur. Ensuite, le monde changera automatiquement ; la paix règnera. »

Question : « Quelle sorte de changement ? »

Amma : « Les changements provoqués par l'assimilation des principes spirituels. »

One Voice International demanda alors à Amma : « Que peut-on faire pour changer la mentalité des hommes et de la société qui considèrent la femme comme inférieure ? »

« Une femme doit être fermement ancrée dans le principe maternel, inné en elle ». Telle fut la réponse d'Amma, si naturelle pour elle.

Question : « Amma veut-elle dire que la femme ne devrait pas s'aventurer dans d'autres sphères de la société ? »

Amma : « Non, Amma veut dire que la femme doit s'aventurer dans toutes les sphères de la société. Mais, quoi qu'elle fasse, elle devrait avoir une foi inébranlable dans le pouvoir du principe maternel. Toute action accomplie en dehors de ce principe, dans quelque sphère que ce soit, affaiblit les femmes au lieu de contribuer à leur progrès. »

Amma donnait déjà dans ce dialogue un avant-goût du discours qu'elle allait prononcer le lendemain au Palais des Nations : les hommes et les femmes ont à part égale la capacité et le devoir de développer en eux le « principe maternel ».

« L'amour qui jaillit de l'éveil du principe maternel, c'est un amour et une compassion que l'on n'éprouve pas seulement envers ses propres enfants, mais envers tous les êtres humains, envers les animaux et les plantes, les pierres et les rivières, un amour qui s'étend à toute la nature, à tous les êtres. En vérité, une femme en laquelle la nature de mère s'est éveillée perçoit toutes les créatures comme ses enfants. Cet amour, cette « maternité », c'est l'amour divin, et c'est Dieu. »

L'interview se poursuivit ainsi :

Question : « Que pense Amma de l'attitude des hommes en général ? »

Amma : « Ils sont également les enfants d'Amma. Mais aujourd'hui encore, il leur est difficile de ressentir intérieurement le respect et la reconnaissance qu'ils témoignent

Préface

extérieurement à leur épouse, à leur mère ou à leur sœur. Généralement, ils croient plus au pouvoir du muscle ! »

Cette conférence pour la paix mondiale se déroulait un peu moins d'un ans après l'attentat dévastateur du 11 septembre 2001. Il était donc naturel que la seconde partie de cette première après-midi nous ramène à ce terrible moment.

Mme Debra Olsen, représentant *One Voice International*, présenta à Amma une femme-pompier américaine : « C'est Jennifer. Elle vient de New York. Elle était au World Trade Center le jour de l'attaque terroriste, pour lutter contre l'incendie. Elle ne s'est pas encore complètement remise du choc de ce désastre. Amma pourrait-elle la bénir ? »

Peut-être Amma pensait-elle au calvaire des milliers d'innocents sans défense qui moururent brûlés ce jour-là car son visage et ses yeux exprimaient clairement de la tristesse. Quand Amma embrassa Jennifer et essuya ses larmes avec amour, ses yeux aussi s'emplirent de larmes. Parmi ceux qui assistaient à cette scène si touchante, beaucoup furent eux aussi émus jusqu'aux larmes.

Jennifer avait apporté du World Trade Center, qu'on appelle maintenant « Point zéro », un objet étrange. Il s'agissait d'un morceau de béton et d'une clé, fondue dans l'enfer du feu dévastateur. Elle les montra à Amma en disant : « Je ne sais pas très bien pourquoi je les ai apportés, mais j'avais besoin d'apporter cette souffrance avec moi. Et j'espérais les rapporter chez moi avec un sentiment différent. Je suis venue avec beaucoup de colère, dans l'espoir de retrouver un peu de paix intérieure » Puis elle offrit ces terribles souvenirs à Amma qui les reçut respectueusement et, les portant à son visage, les embrassa.

« Jennifer ne croit pas en Dieu, elle ne professe aucune religion. Mais elle éprouve de l'amour et de la compassion envers ceux qui souffrent. Est-il nécessaire pour elle de prier un dieu, quel qu'il soit ? » demanda Debra Olsen.

« Dieu est amour et compassion envers ceux qui souffrent. Qui possède un tel cœur n'a pas besoin de prier Dieu », répondit Amma.

Aux nombreuses questions qui lui furent posées, Amma donna des réponses simples et belles.

Après l'entretien avec Jennifer, ce fut la célèbre actrice hollywoodienne Linda Evans qui

Préface

arriva pour rencontrer Amma. Elle exultait de joie. « J'ai tant entendu parler de vous ! Il y a si longtemps que je souhaitais vous rencontrer. Quelle bénédiction ! » dit Mme Evans.

Après avoir longuement regardé Amma, elle demanda : « Quelle est la fonction du principe maternel divin ? »

Amma : « C'est une attitude de l'esprit, qui consiste à embrasser le Tout. »

Linda : « Comment y parvenir ? »

Amma : « Ce n'est pas différent de ce que nous sommes. On ne l'obtient donc pas de l'extérieur. Ce pouvoir est à l'intérieur. Quand vous en prenez conscience, le principe maternel universel s'éveille en vous. »

Amma se rendit alors dans une autre pièce pour rencontrer la primatologue mondialement connue, Mme Jane Goodall, qui avait reçu le prix Gandhi-King l'année précédente et devait lui remettre le lendemain. Un accord immédiat et profond s'établit aussitôt entre les deux lauréates. Amma eut beau embrasser Mme Goodall maintes fois, celle-ci revenait inlassablement dans ses bras. « Vous êtes si douce, c'est au-delà des mots », dit-elle ; un instant après, elle ajouta : « Au-delà de toute comparaison. »

L'Éveil de l'Amour maternel universel

Le Dr Goodall a passé vingt ans dans les jungles africaines avec des animaux, particulièrement des chimpanzés, pour étudier et comprendre leur intelligence. Elle posa à Amma la question suivante : « Que pensez-vous de l'idée que les animaux puissent comprendre le cœur des êtres humains et leur répondre ? »

Amma : « Les animaux peuvent certainement comprendre le cœur des humains et agir en conséquence, peut-être mieux que les humains eux-mêmes. Amma en a personnellement fait l'expérience. »

Amma raconta alors au Dr Goodall ses expériences passées, à l'époque où elle vivait dans la nature et où les animaux prenaient soin d'elle. Amma lui parla du chien qui lui apportait des paquets de nourriture, de l'aigle qui laissait tomber du poisson cru sur ses genoux, de la vache qui se sauvait de l'étable et levait la patte pour qu'elle puisse boire directement à son pis, du perroquet qui versait des larmes quand elle pleurait en chantant des *bhajans*, des colombes qui dansaient pendant qu'elle chantait.

Après cette conversation avec Madame Goodall, Amma étreignit les autres personnes qui se trouvaient dans la pièce : Bawa Jain, Dena

Préface

Merriam, la princesse cambodgienne Ratna Devi Noordam et la co-présidente du Mouvement pour la paix, la révérende Joan Campbell.

Puis il fut temps de se rendre dans la salle de bal de l'hôtel pour la prière. Amma dirigea la prière pour la paix dans le monde en chantant trois fois « *Lokah samastah sukhino bhavantu* » (Puissent tous les êtres dans tous les mondes être heureux). Tous répétèrent le mantra après Amma. Avant que les vibrations du mantra de paix ne s'évanouissent, Amma entama la méditation « Ma-Om ». Elle guida tous les délégués et leur fit faire cette pratique pendant dix minutes. Elle termina la prière par le *Nirvanashaktam* de Shankaracharya. De nombreux délégués, représentant différentes nations, ressentirent la bénédiction de la paix qui vibrait en eux.

Le second événement important de la journée était la réunion de tous les participants au Jardin Anglais, situé au bord du lac.

Après une courte présentation, Amma fut la première à prendre la parole. Dans son message de paix, elle déclara : « La paix, voilà ce dont nous avons tous besoin. Mais la majorité des gens désirent commander. Personne ne veut servir. Comment la paix pourrait-elle régner ? La guerre et le conflit ne sont-ils pas inévitables ? Le véritable chef, c'est le serviteur sincère. Que la vache soit noire, blanche ou brune, le lait est blanc, n'est-ce pas ? Ainsi, l'essence est la même en chacun de nous. La paix et le bonheur sont identiques pour tous. Ceux qui y aspirent doivent y travailler ensemble »

A la fin de la cérémonie, tous les délégués dirent à l'unisson : « Nous ne voulons pas de guerre, nous ne voulons pas de meurtres, nous ne voulons que la paix ! » Pour symboliser la lumière de la paix qui repousse les ténèbres de la guerre et du conflit, les délégués, les orateurs et le public allumèrent des bougies. Puis ils formèrent sur la pelouse, en levant leurs bougies, les lettres du mot PEACE (paix). Tant de personnes désiraient être proches d'Amma que les photographes, juchés sur un toit tout proche, décidèrent finalement d'ajouter un point d'exclamation au mot « paix » puisqu'Amma et le groupe qui l'entouraient formaient tout naturellement un point.

Le 7 octobre, jour le plus important, Amma arriva à 9 heures et fut accueillie par Bawa Jain et Dena Merriam. La salle était remplie de guides et de maîtres spirituels représentant diverses religions.

Préface

Ces femmes se succédèrent pour parler de la liberté des femmes et des problèmes sociaux qu'elles doivent affronter. Les limites, les solutions et les conseils furent exposés avec éloquence et analysés avec une admirable maturité, sans la critique excessive ni l'égoïsme sous-jacent qui se manifestent si souvent lors de telles occasions.

La femme et le principe maternel ne font qu'un; la pureté qui régnait dans l'atmosphère en apportait la preuve. L'humilité des organisateurs et la précision exemplaire avec laquelle les programmes de la journée se déroulèrent furent particulièrement remarquables.

A 11 heures, des femmes, spécialistes des questions religieuses ou chefs spirituels venues des Philippines, de Thaïlande, d'Israël, de Chine, d'Afghanistan et du Rwanda, parlèrent des « Femmes et de leur contribution à la Paix mondiale ». Mme Susan Deihim, d'origine iranienne, exprima ensuite à travers un chant la soif de paix ressentie par tous.

A 11 h 20, Dena Merriam arriva sur le podium. Souriante, elle annonça : « Voilà maintenant la cérémonie la plus importante de ces journées : la remise du « Prix Gandhi-King pour la Non-Violence ». Je prie respectueusement Sri Mata Amritanandamayi Dévi de bien vouloir monter sur scène pour recevoir le prix. »

Amma se leva et se dirigea vers la scène avec l'humilité et la simplicité qui la caractérisent, les mains jointes en un geste traditionnel de l'Inde qui indique le respect que l'on porte au Divin présent en tout. Le public entier se leva et applaudit avec ferveur. Son Excellence Sergio Viera de Mello, Haut-commissaire des Droits de l'Homme aux Nations-Unies, salua Amma et l'accompagna sur la scène. Bawa Jain le présenta à Amma. A sa manière habituelle, Amma l'étreignit affectueusement et lui baisa la main. Son Excellence répondit à ce geste en lui embrassant les deux mains avec amour.

Bawa Jain parla ensuite quelques minutes, rappelant le précédent palmarès du prix Gandhi-King : Kofi Annan (1999), Nelson Mandela (2000) et Jane Goodall (2001). Puis il invita Jane Goodall à présenter Amma à l'assemblée avant de lui remettre la récompense.

« Je considère comme un grand honneur le fait d'être sur cette scène avec une femme aussi remarquable, une femme qui incarne la bonté. Elle a eu une vie remarquable. Dès le départ,

Préface

elle a défié la tradition. Née dans une famille pauvre, elle avait la peau plus foncée que ses frères et sœurs et elle n'était pas bien traitée par sa famille qui la traitait comme une servante. Mais elle sentait au fond d'elle-même la présence de Dieu et ce sentiment était si puissant qu'elle a éprouvé le désir d'aller vers les gens et de partager son bonheur avec ceux qui n'avaient pas la même chance. Sans égard pour la tradition, elle se mit à prendre dans ses bras tous ceux qui avaient besoin de réconfort, alors que la coutume interdit aux femmes indiennes de toucher des étrangers. Mère a réconforté avec sa merveilleuse étreinte, dont j'ai fait l'expérience hier, 21 millions de personnes. Embrasser 21 millions de personnes, imaginez ! (Applaudissements). Amma a en outre créé un vaste réseau d'œuvres caritatives, comprenant des écoles, un orphelinat, des hôpitaux, la construction de maisons pour les pauvres, des allocations pour les femmes démunies, etc... la liste est trop longue pour que je puisse les mentionner toutes ici. Et allant une fois encore à l'encontre de la tradition, Amma a été le premier chef spirituel à nommer des prêtresses dans les temples. Elle croit que Dieu ne fait pas de distinction entre les sexes, et

L'Éveil de l'Amour maternel universel

je crois qu'elle se tient là, devant nous, l'amour de Dieu incarné dans un corps humain. »

Quand Madame Goodall remit ensuite le prix Gandhi-King 2002 à Amma, il y eut un formidable instant d'émotion, qui s'exprima par des applaudissements et par une longue ovation de l'assemblée debout.

Quand les applaudissements eurent cessé, Bawa Jain invita Amma à parler de « La puissance du principe maternel ».

Amma commença par remercier pour le prix Gandhi-King qu'elle venait de recevoir. Elle exprima sa reconnaissance envers le Mahatma Gandhi et Martin Luther King. « S'ils ont pu accomplir de grandes choses, dit-elle, c'est grâce à la force qu'ils tiraient du soutien populaire et de la pureté de leur cœur. » Amma déclara également que le prix revenait à ceux qui luttaient pour la paix et le bonheur dans le monde et qu'elle l'acceptait en leur nom. Elle pria aussi pour que ceux qui travaillent à la paix mondiale soient bénis et pour que leur soit accordé un surplus de force et de courage.

Amma fit alors ce rappel :

Préface

« Le Mahatma Gandhi et le Révérend Martin Luther King rêvaient d'un monde dans lequel les êtres humains seraient respectés et aimés en tant qu'êtres humains, sans aucun préjugé. Evoquant leur mémoire, Amma présente à son tour une vision de l'avenir…c'est la vision d'un monde dans lequel hommes et femmes progresseraient ensemble, d'un monde où les hommes respecteraient le fait que, comme les deux ailes d'un oiseau, hommes et femmes ont une valeur égale. Car tant que les deux ne sont pas en équilibre parfait, l'humanité ne peut pas progresser. »

Elle continua :

« Hommes et femmes sont égaux aux yeux d'Amma. Amma veut exprimer honnêtement son point de vue à ce sujet. Ces observations ne s'appliquent pas nécessairement à tout le monde, mais elles s'appliquent à la majorité des gens. Les femmes doivent se réveiller et se lever ! L'éveil du pouvoir latent des femmes est un des besoins les plus urgents de notre époque. »

Au cours des vingt minutes suivantes, Amma énonça des vérités fondamentales qui coulèrent de sa bouche comme le flot puissant du Gange : la nature intérieure et extérieure d'une femme ;

la profondeur, l'étendue et les limites de son esprit ; ses faiblesses et les domaines où elle doit faire preuve de vigilance ; la puissance infinie latente en elle …

Tandis qu'Amma exposait tous ces sujets avec une clarté et une profondeur remarquables, l'assemblée écoutait dans un silence méditatif. Le pouvoir absolu des mots d'Amma et la présence de son amour maternel universel étaient clairement perceptibles en ces instants.

A la fin de son discours, Amma avait clairement exposé le fait que ce « principe maternel universel » est une qualité que tous, hommes et femmes, doivent s'efforcer de développer :

« L'essence du principe maternel n'est pas l'apanage des femmes qui ont enfanté ; il est inhérent aussi bien aux hommes qu'aux femmes. C'est une attitude de l'esprit. C'est l'amour et cet amour est le souffle même de la vie. Personne ne dirait : « Je ne respirerai qu'auprès de ma famille et de mes amis ; je ne respirerai pas en présence de mes ennemis ». Ainsi, pour ceux en qui le principe maternel universel est éveillé, l'amour et la compassion envers tous sont aussi naturels que le fait de respirer.

Préface

Amma a le sentiment que l'époque qui s'ouvre doit être consacré au réveil de ce principe maternel qui guérit. C'est la seule manière de réaliser notre rêve de paix et d'harmonie. »

Quand Amma eut terminé son discours, l'assemblée se leva et éclata spontanément en un tonnerre d'applaudissements. A la fin de la séance, un grand nombre de participants se précipita vers cette merveille, Amma, pour la regarder, la rencontrer et recevoir son *darshan* pendant qu'ailleurs on se bousculait pour obtenir un exemplaire de son discours. C'est à ce moment-là que Bawa Jain arriva pour demander à Amma de participer à une séance de photos avec les autres délégués. Comme les abeilles suivent leur reine, les gens s'agglutinaient autour d'Amma. M. Jain eut beaucoup de mal à fendre la foule pour parvenir jusqu'à elle. Finalement, il dit à ceux qui l'entouraient : « Eh ! Elle est aussi ma mère, donnez moi une chance à moi aussi ! »

Accompagnée par la révérende Joan Campbell, Madame Goodall, la princesse du Cambodge, Bawa Jain et Dena Merriam, Amma sortit du hall. Dans la véranda située devant le hall, la co-présidente du Mouvement, Madame Saloha Mahmud Abdin, Pakistanaise, érudite musulmane et socialiste, attendait pour la rencontrer. Dès qu'elle la vit, elle se dirigea vers elle et la salua. Amma l'embrassa avec beaucoup d'amour. La tête reposant sur l'épaule d'Amma, Madame Saloha dit doucement : « C'est vraiment une grande bénédiction que vous soyez aujourd'hui parmi nous. »

Après la séance de photos, le *Christian Broadcasting Corporation* sollicita Amma pour une interview.

Question : « Amma reçoit les gens en les prenant dans ses bras. Cette étreinte peut-elle nous aider à trouver la paix ? »

Amma : « Il ne s'agit pas d'une étreinte ordinaire mais d'une étreinte qui éveille le potentiel spirituel. Notre essence est amour. Nous vivons pour l'amour, n'est-ce pas ? Là où il y a l'amour, il n'y a pas de conflit, il n'y a que la paix. »

Question : « Amma, vous avez des dévots dans le monde entier. Est-ce que tous vous vénèrent ? »

Amma : « C'est Amma qui les vénère. Pour moi, ils sont tous Dieu. Le Dieu d'Amma ne demeure pas là-haut dans les cieux. Mon Dieu, c'est vous tous, c'est tout ce que l'on voit. Amma aime chacun et toute chose ; ils m'aiment tout

Préface

autant. L'amour coule dans les deux directions. Là, il n'y a pas de dualité, seulement l'unité, l'amour pur. »

En vérité, c'est là le secret de cette grande merveille qui attire le monde entier vers elle. C'est le flot d'amour, le flot incessant du nectar du Gange, le flot de la puissance d'un amour maternel indescriptible.

Swami Amritaswarupananda
Amritapuri, Kérala, Inde

Mouvement pour la Paix dans le monde des femmes chefs religieux et spirituels

Palais des Nations, Genève.
7 Octobre 2002

« Cette récompense a été instituée en souvenir de deux grandes personnalités : le Mahatma Gandhi et le Révérend Martin Luther King. Puissent tous ceux qui, dans le monde entier, prient et œuvrent pour la paix, y puiser force et inspiration. Telle est en cette occasion la prière d'Amma. C'est en leur nom qu'Amma reçoit ce prix. La vie d'Amma est une offrande au monde, il n'y a donc rien qui lui appartienne. »

Amma

Discours de remerciement

*à l'occasion de l'attribution
du prix Gandhi-King 2002*

Amma s'incline devant vous tous, qui êtes en vérité des incarnations de l'amour suprême.

Cette récompense a été instituée en souvenir de deux grandes personnalités : le Mahatma Gandhi et le Révérend Martin Luther King. Puissent tous ceux qui, dans le monde entier, prient et œuvrent pour la paix, y puiser force et inspiration. Telle est en cette occasion la prière d'Amma. C'est en leur nom qu'Amma reçoit ce prix. La vie d'Amma est une offrande au monde, il n'y a donc rien qui lui appartienne.

L'admirable rêve du Mahatma Gandhi et du Révérend Martin Luther King, le rêve d'un monde sans injustice, dans lequel les êtres humains seraient respectés et aimés en tant qu'êtres humains, sans aucun préjugé, ce rêve est encore à réaliser. Evoquant leur mémoire, Amma présente une vision de l'avenir.

Amma, elle-aussi, nourrit un rêve. C'est la vision d'un monde dans lequel les hommes et les

femmes progressent ensemble, un monde dans lequel les hommes respectent le fait qu'hommes et femmes sont égaux, comme les deux ailes d'un oiseau. Car l'humanité ne peut pas progresser sans que les deux soient en parfait équilibre.

Le Révérend King était courageux comme un lion, mais son cœur était tendre comme une fleur. Il a risqué sa vie pour défendre l'amour, l'égalité, tous les nobles idéaux auxquels il croyait. Il lui a fallu lutter avec beaucoup de persévérance contre ses propres compatriotes.

Discours de remerciement

Et le Mahatma Gandhi ne se contentait pas de prêcher, il mettait ses paroles en pratique. Il a voué sa vie entière à la paix et à la non-violence. On lui proposa de devenir le premier ministre ou le président de l'Inde, mais Gandhi refusa, car ni la gloire ni le pouvoir n'avait pour lui le moindre attrait. Lorsque minuit sonna, marquant le début de l'indépendance de l'Inde, Gandhi se trouvait dans une région où il y avait eu des émeutes et s'employait à consoler les victimes.

Il est facile de réveiller quelqu'un qui dort. Mais comment réveiller quelqu'un qui prétend être endormi ? La majorité des gens appartiennent à la deuxième catégorie. Il est grand temps que nous nous réveillions tous ! A moins que les êtres humains ne dominent leurs instincts les plus bas, notre vision concernant l'avenir de l'humanité ne se réalisera jamais, et la paix ne sera jamais rien de plus qu'un rêve lointain.

Puisons dans nos pratiques spirituelles le courage et la persévérance de réaliser ce rêve. Pour cela, il faut que chacun de nous découvre et manifeste ses qualités innées telles que la foi, l'amour, l'humilité, la patience et le sacrifice de soi pour le bien de tous. C'est cela qu'Amma appelle la « vraie nature de mère ».

L'Éveil de l'Amour maternel universel

*Discours prononcé par
Sri Mata Amritanandamayi
devant le Mouvement pour la Paix dans le Monde
des femmes chefs religieux et spirituels
au Palais des Nations de Genève
7 octobre 2002*

Amma s'incline devant vous tous qui êtes en vérité des incarnations de la conscience et de l'amour suprêmes.

Hommes et femmes sont égaux aux yeux d'Amma. Amma souhaite exprimer honnêtement son point de vue à ce sujet. Ces observations ne s'appliquent pas forcément à tous, mais elles concernent assurément la majorité des êtres humains.

La plupart des femmes sont actuellement endormies. Il faut qu'elles se réveillent et se lèvent ! Cet éveil de l'énergie dormante chez la femme est un des besoins les plus urgents de notre époque. Il n'est pas seulement nécessaire dans les pays en voie de développement mais chez toutes les femmes du monde. Dans les pays où le matérialisme prédomine, les femmes doivent s'éveiller à la spiritualité[1]. Et dans les pays où elles sont contraintes de rester dans les limites étroites de la tradition religieuse, elles doivent s'éveiller à la pensée moderne. On a longtemps cru que les femmes et les cultures au sein desquelles elles vivaient s'éveilleraient grâce à l'éducation et au développement matériel. Mais le temps a montré que cette conception, largement répandue, était trop limitée. C'est seulement si les femmes, tout en ayant une éducation moderne, assimilent la sagesse éternelle de la spiritualité, que la puissance contenue en elles s'éveillera et qu'elles pourront passer à l'action.

Qui doit réveiller les femmes ? Qu'est-ce qui les empêche de s'éveiller ? En vérité, aucun

---

[1] La spiritualité à laquelle Amma fait ici référence n'est pas celle qui consiste à adorer un dieu trônant quelque part dans le ciel. La véritable spiritualité, c'est de se connaître soi-même et de prendre conscience du pouvoir infini qui demeure en nous. La spiritualité et la vie ne sont pas deux choses séparées ; elles ne font qu'un. La vraie spiritualité nous enseigne comment vivre dans le monde. La science matérielle nous enseigne comment « climatiser » le monde extérieur alors que la science spirituelle nous enseigne comment « climatiser » le monde intérieur.

pouvoir extérieur ne peut empêcher la femme de s'exprimer et de manifester ses qualités maternelles innées telles que l'amour, l'empathie et la patience. C'est la femme qui, elle-même, doit s'éveiller. Le seul obstacle réel à cet éveil, c'est son mental.

Dans la plupart des pays, les règles et les superstitions dégradantes pour les femmes continuent de prévaloir. Aujourd'hui encore, les coutumes primitives inventées par les hommes pour exploiter les femmes et les soumettre restent en vigueur. Les femmes et leur esprit sont prisonnières de ces coutumes, véritables toiles d'araignées. Les femmes ont été hypnotisées par leur propre mental. Elles doivent se prendre en main pour s'extraire de ce champ magnétique. Il n'y a pas d'autre issue.

Regardez un éléphant. Avec sa trompe, il peut déraciner des arbres énormes. Quand un éléphant captif est encore bébé, on l'attache à un arbre à l'aide d'une corde solide ou d'une chaîne. Comme la nature d'un éléphant est de se promener librement, instinctivement, le bébé éléphant essaie de toutes ses forces de rompre la corde mais il n'est pas assez puissant pour se libérer. Il finit par comprendre que ses efforts sont inutiles, il abandonne et cesse de se débattre. Plus tard, quand l'éléphant est adulte, on peut l'attacher à un petit arbre avec une cordelette. Il pourrait alors facilement se libérer en arrachant l'arbre ou en rompant la corde. Mais comme son mental a été conditionné par les expériences du passé, il ne fait pas la moindre tentative pour s'échapper.

C'est ce qui arrive aux femmes.

La société ne permet pas à la force intérieure des femmes de se révéler. Nous avons créé un blocage qui empêche cette grande force de se manifester.

Le potentiel infini inhérent à l'homme et à la femme est le même. Si les femmes le veulent réellement, il ne leur sera pas difficile de briser les entraves des règles et des conditionnements imposés par la société. Les qualités maternelles innées des femmes, leur pouvoir de créer, de donner la vie, constituent leur plus grande force. Et ce pouvoir peut permettre aux femmes de faire advenir dans la société un changement beaucoup plus profond que ce que les hommes pourraient jamais accomplir.

Les concepts désuets, mutilants, inventés dans le passé, empêchent les femmes d'atteindre les sommets spirituels. Ce sont des ombres qui hantent encore les femmes et leur inspirent peur et méfiance. Il faut que les femmes abandonnent leur peur et leur méfiance. Ce ne sont que des illusions. Les limitations que les femmes croient avoir ne sont pas réelles. Elles doivent trouver la force de surmonter ces limites imaginaires. Elles en ont le pouvoir, il est déjà là, présent en elles ! Et une fois ce pouvoir éveillé, nul ne pourra arrêter la marche en avant des femmes dans tous les domaines de la vie.

Les hommes ont généralement foi dans le pouvoir des muscles. Superficiellement, ils considèrent les femmes comme leur mère, leur épouse ou leur sœur. Mais il est inutile de dissimuler le fait que, plus profondément, les hommes ont encore une énorme résistance à comprendre, accepter et reconnaître comme il convient les femmes et l'aspect féminin de la vie.

Amma se rappelle une histoire. Il était une fois dans un village une femme profondément spirituelle qui éprouvait un bonheur immense à servir autrui. Les chefs religieux du village la choisirent comme un de leurs prêtres. C'était la première femme nommée prêtre dans cette région et les prêtres hommes n'aimèrent pas du tout cette innovation. Les villageois appréciaient sa grande compassion, son humilité et sa sagesse, ce qui engendrait chez les autres prêtres beaucoup de jalousie.

Tous furent un jour invités à un rassemblement religieux qui se tenait sur une île. La traversée en bateau pour s'y rendre durait trois heures. Lorsque les prêtres embarquèrent, ils découvrirent à leur grande consternation que la femme prêtre était déjà à bord. Ils murmurèrent entre eux : « Quel malheur ! Elle ne peut pas nous laisser tranquilles ! » Le bateau partit. Mais au bout d'une heure, le moteur tomba en panne et l'embarcation s'immobilisa. Le capitaine s'exclama : « Oh non ! Nous voilà coincés ! J'ai oublié de faire le plein ! » Personne ne savait quoi faire. Il n'y avait pas d'autre bateau en vue. La prêtresse se leva alors et dit : « Ne vous inquiétez pas, frères. Je vais aller chercher de l'essence. » Sur ces mots, elle quitta le bateau et s'en alla en marchant sur les eaux. Les prêtres la regardèrent, stupéfaits, mais s'empressèrent de remarquer : « Regardez ! Elle ne sait même pas nager ! »

Telle est l'attitude générale des hommes. Leur conditionnement les pousse à rabaisser et à condamner les réussites des femmes.

Les femmes ne sont ni des décorations ni des objets créés pour que les hommes en disposent. Les hommes traitent les femmes comme des plantes en pot, ce qui les empêche de se développer pleinement.

Les femmes n'ont pas été créées pour le plaisir des hommes. Leur rôle n'est pas d'organiser des thés mondains. Les hommes utilisent les femmes comme des magnétophones et les font agir au gré de leurs caprices et de leur fantaisie, comme s'ils appuyaient sur les différents boutons.

Les hommes se considèrent comme supérieurs aux femmes à la fois physiquement et intellectuellement. Ils pensent que les femmes ne peuvent pas survivre dans la société sans dépendre d'eux. L'arrogance de cette conception erronée est manifeste dans tout ce qu'ils font.

Lorsqu'on considère qu'elle a commis une faute, même si elle est en réalité victime et innocente, une femme est rejetée par la société et souvent par sa famille. Un homme peut en revanche se comporter de manière aussi immorale qu'il le désire sans être inquiété. Il est rare qu'on le critique.

Même dans les pays matériellement développés, les femmes sont refoulées au second plan lorsqu'il s'agit de partager le pouvoir politique. Il est intéressant de remarquer que les pays en voie de développement sont comparativement très en avance dans ce domaine et offrent aux femmes beaucoup plus d'occasions de faire une carrière politique. Mais à quelques exceptions près, qui se comptent sur les doigts d'une main, combien y a-t-il de femmes dans l'arène de la politique internationale ? Cela est-il dû à une quelconque incapacité des femmes ou bien à l'arrogance des hommes ?

Des circonstances favorables et le soutien des autres aideront certainement les femmes à s'éveiller et à s'épanouir. Mais cela seul ne suffit pas, elles doivent y puiser l'inspiration nécessaire pour trouver la force qui est en elles. La puissance réelle et la force véritable ne viennent pas de l'extérieur : elles se trouvent à l'intérieur.

Les femmes doivent se montrer courageuses. Le courage est un attribut de l'esprit ; il ne s'agit pas d'une vertu du corps. Les femmes ont la force de se battre contre les règles sociales qui font obstacle à leur progrès. C'est l'expérience personnelle d'Amma. Bien qu'il y ait eu beaucoup de changements, l'Inde est un pays où la suprématie des hommes est encore de règle. Aujourd'hui encore, les femmes sont exploitées au nom de la tradition et des coutumes religieuses. Mais en Inde aussi, les femmes s'éveillent et passent à l'action. Il y a peu de temps encore, elles n'étaient pas autorisées à vénérer Dieu dans le sanctuaire intérieur des temples ; elles ne pouvaient pas non plus consacrer un temple ni accomplir les rituels védiques. Les femmes n'étaient même pas autorisées à chanter des mantras védiques. Mais Amma les y encourage et leur confie de telles fonctions. Et c'est Amma qui accomplit les cérémonies de consécration de tous les temples construits par notre ashram. Comme ces cérémonies et ces rituels n'ont été effectués que par des hommes pendant des générations, beaucoup de gens se sont opposés à ce que des femmes les accomplissent. A ceux qui trouvaient nos actions discutables, Amma expliqua que nous vénérons Dieu, qui est au-delà de toutes les différences, qui ne fait pas de distinction entre le masculin et le féminin. Il s'avéra que la majorité soutint cette innovation révolutionnaire ; c'est que ces interdits imposés aux femmes n'ont en vérité jamais fait partie de la tradition fondatrice de l'Hindouisme. Selon toute probabilité, ces règles ont été conçues par des hommes appartenant aux couches supérieures de la société afin d'exploiter et d'étouffer les femmes. Elles n'existaient pas dans l'Inde ancienne.

Dans l'Inde ancienne, les mots sanskrits qu'un mari utilisait pour s'adresser à sa femme étaient : *patni*, celle qui guide son mari dans le voyage de la vie ; *dharmapatni*, celle qui guide son mari sur la voie du *dharma* (la droiture et la responsabilité) ; et *Sahadharmacharini*, celle qui avance avec son mari sur la voie du *dharma*. L'emploi de ces termes implique que les femmes jouissaient du même statut que les hommes ou même, qui sait, d'un statut plus élevé. Le mariage était considéré comme sacré car s'il était vécu avec une attitude et une compréhension justes, l'époux et l'épouse se soutenant mutuellement, il les conduisait au but ultime de la vie : la réalisation du Soi, la réalisation de Dieu.

En Inde, l'Être suprême n'a jamais été vénéré sous une forme uniquement masculine, mais aussi sous la forme de la Déesse, dotée de nombreux aspects. Elle est par exemple adorée en tant que Saraswati, déesse de la connaissance et de la sagesse ; elle est vénérée en tant que Lakshmi, déesse de la prospérité ou encore

Santana Lakshmi, déesse de la fécondité. Elle est aussi adorée sous la forme de Dourga, déesse de la force et de la puissance. Il fut une époque où la femme, incarnant toutes ces qualités, était révérée par les hommes. Elle était considérée comme un prolongement de la Déesse, une manifestation sur terre de ses attributs. Et puis, à un moment donné, à cause de l'égoïsme de certains hommes influents, à cause de leur volonté de régner sur tous et de dominer, cette vérité profonde a été déformée et notre culture en a été amputée. C'est ainsi que les gens ont oublié ou bien ignoré le lien profond qui existe entre la femme et la Mère divine.

Généralement, nous pensons que l'Islam est la religion qui attribue à la femme le statut le plus bas. Cependant le Coran considère des qualités telles que la compassion et la sagesse, ainsi que la nature essentielle de Dieu, comme féminines.

Dans le Christianisme, l'Être suprême est adoré exclusivement sous la forme du Père qui est au Ciel, du Fils et du Saint-Esprit. L'aspect féminin de Dieu n'est pas aussi largement reconnu. Mais le Christ considérait hommes et femmes comme égaux.

L'Éveil de l'Amour maternel universel

Il a bien fallu qu'une femme donne naissance au Christ, à Krishna et au Bouddha. Pour s'incarner, Dieu a eu besoin d'une femme qui endure la souffrance et les difficultés de la grossesse et de l'accouchement. Un homme n'en était pas capable. Personne ne semble cependant reconnaître qu'il est injuste que les femmes soient régentées par les hommes. Aucune religion authentique ne regardera jamais les femmes de haut ou ne parlera d'elles de manière péjorative.

Ceux qui ont réalisé Dieu ne voient aucune différence entre masculin et féminin. La vision des Êtres réalisés est équanimité. S'il existe quelque part dans le monde des règles qui empêchent les femmes de jouir de la liberté qui leur revient de droit, qui les empêchent de progresser dans la société, ces règles ne sont pas les commandements de Dieu, ce sont des produits de l'égoïsme des hommes.

Lequel de nos yeux est le plus important, le gauche ou le droit ? Ils ont tous deux une importance égale. Il en va de même du statut des hommes et des femmes au sein de la société. Les hommes comme les femmes doivent être conscients de la spécificité de leurs responsabilités ou *dharma*. Hommes et femmes doivent s'entraider. C'est la seule manière pour nous de maintenir l'harmonie dans le monde. Quand hommes et femmes deviendront des forces complémentaires, avançant ensemble dans un esprit de coopération, avec un sentiment de respect mutuel, ils atteindront la perfection.

En réalité, l'homme est une partie de la femme. Tout enfant est d'abord dans le sein de sa mère, constituant une partie de son être même. Dans la naissance d'un enfant, le seul rôle de l'homme est d'offrir sa semence. Pour lui, c'est seulement un moment de plaisir ; pour la femme ce sont neuf mois d'austérités. C'est la femme qui reçoit, conçoit et fait de cette vie une partie de son être. Elle crée l'atmosphère la plus propice à la croissance de cette vie en elle, puis elle lui donne naissance. Les femmes sont par essence des mères, des créatrices de la vie. Tout homme aspire secrètement à être de nouveau enveloppé par l'amour inconditionnel d'une mère. C'est une des raisons subtiles de l'attirance que les hommes éprouvent pour les femmes : c'est qu'un homme naît d'une femme.

Personne ne peut nier la réalité de la maternité, le fait que les hommes soient créés à partir des femmes. Ceux qui refusent de sortir du cocon de leur esprit étroit ne le comprendront jamais. Il est impossible d'expliquer ce qu'est la lumière à ceux qui ne connaissent que les ténèbres.

Le principe de la « maternité » (du don de la vie) est aussi vaste et puissant que l'univers. Grâce à cette aptitude innée, une femme peut influencer le monde entier.

« Dieu est-Il homme ou femme ? » La réponse à cette question, c'est que Dieu n'est ni homme, ni femme ; Dieu est « Cela ». Mais si vous insistez pour que Dieu ait un genre, alors Dieu est plus féminin que masculin, parce que le masculin est contenu dans le féminin.

Qu'il s'agisse d'un homme ou d'une femme, toute personne qui a le courage de dépasser les limites du mental peut parvenir à l'état de mère universelle. L'amour qui jaillit de l'éveil du sentiment maternel, c'est un amour et une compassion que l'on n'éprouve pas seulement envers ses propres enfants, mais envers tous les êtres humains, envers les animaux et les plantes, les pierres et les rivières, un amour qui s'étend à toute la nature, à tous les êtres du cosmos. En vérité, une femme en laquelle la nature de mère s'est éveillée perçoit toutes les créatures comme ses enfants. Cet amour, cette « maternité », c'est l'amour divin, et c'est Dieu.

Les femmes constituent plus de la moitié de la population mondiale. C'est une grande perte quand on leur refuse la liberté d'occuper une position de premier plan, le statut élevé qui devrait être le leur dans la société. Lorsque cela leur est refusé, la société perd alors ce qu'elles pourraient lui apporter.

Quand les forces des femmes sont minées, leurs enfants aussi sont affaiblis. C'est donc une génération entière qui perd ainsi sa force et sa vitalité. C'est seulement si l'on accorde aux femmes l'honneur qu'elles méritent que nous pourrons créer un monde de lumière et de conscience.

Les femmes peuvent effectuer toutes les tâches aussi bien que les hommes, peut-être même mieux. Elles possèdent la volonté et l'énergie créatrice nécessaires pour faire n'importe quel travail. Amma fonde cette affirmation sur son expérience personnelle. Quelle que soit la forme que prend leur action, les femmes peuvent s'élever jusqu'à des sommets extraordinaires et c'est particulièrement vrai sur la voie spirituelle. Les femmes sont dotées de la pureté mentale et des capacités intellectuelles nécessaires pour réussir. Mais quoi qu'elles entreprennent, il faut qu'elles partent sur de bonnes bases. Si le début est favorable, le milieu et la fin seront bons, à condition que l'on soit doté de patience, de foi et d'amour. Si les femmes perdent tant d'occasions dans la vie, c'est dû à des fondations défectueuses. Il ne s'agit pas seulement de donner aux femmes un statut égal à celui des hommes au sein de la société ; le problème est que les femmes ont souvent un mauvais départ dans la vie, dû à des conceptions erronées et à un manque de véritable conscience. Elles s'efforcent donc d'atteindre le but sans avoir bénéficié d'un début favorable.

Si nous voulons apprendre l'alphabet, il faut commencer par ABC, pas par XYZ. Et quel est l'ABC d'une femme ? Quelle est la fibre intime de l'être d'une femme, qu'est-ce qui constitue son existence ? Ce sont ses qualités innées, les principes essentiels de l'amour maternel. Quel que soit le domaine dans lequel une femme choisit de travailler, elle ne devrait pas oublier les vertus que Dieu, la Nature, lui a gracieusement accordées. Une femme devrait accomplir chacun de ses actes en demeurant toujours fermement ancrée dans ces qualités. ABC constitue le début de l'alphabet ; la qualité de mère est de même la nature essentielle, la part fondamentale d'une femme. Elle ne doit pas omettre cette part cruciale d'elle-même avant de passer aux autres niveaux.

Les femmes ont de nombreuses facultés que l'on ne trouve généralement pas chez les hommes. Une femme a la capacité de se démultiplier. Contrairement aux hommes, les femmes sont capables d'agir dans plusieurs domaines à la fois. Même si elle doit se diviser et faire beaucoup de choses en même temps, une femme a la faculté d'effectuer toutes ces actions d'une manière très belle, parfaite. Dans son rôle de mère même, une femme est capable de manifester différentes facettes de son être. Il lui faut se montrer chaleureuse et tendre, stricte et ferme, forte et protectrice. Il est rare de voir toutes ces qualités réunies chez un homme. Les femmes ont donc au sein de la société de plus grandes responsabilités que les hommes. Les rênes de l'intégrité et de l'unité au sein de la famille et de la société sont entre les mains des femmes.

L'esprit d'un homme s'identifie facilement à ses pensées ou à ses actions. L'énergie masculine peut être comparée à de l'eau stagnante ; elle ne coule pas. Le mental et l'intellect d'un homme sont en général accaparés par le travail qu'il accomplit. Il est difficile à un homme de quitter un sujet pour se concentrer pleinement sur un autre. C'est pour cette raison que la vie professionnelle et la vie familiale de bien des hommes finissent par s'entremêler. La plupart des hommes ne peuvent pas séparer les deux. Les femmes en ont en revanche la capacité innée. Un homme a une tendance profondément enracinée à amener chez lui son personnage professionnel et à se comporter comme tel avec sa femme et ses enfants. La plupart des femmes savent séparer leur vie familiale et leur vie professionnelle.

L'énergie féminine, l'énergie d'une femme, est fluide comme une rivière. C'est pourquoi il est facile à une femme d'être à la fois une mère, une épouse et une amie fidèle qui insuffle de la confiance à son mari. Elle possède un don spécial qui lui permet d'être le guide et le conseiller de toute la famille. Les femmes qui travaillent sont pleinement capables de réussir également leur vie professionnelle.

La puissance des vertus maternelles innées d'une femme lui permet de trouver en elle-même un sentiment profond de paix et d'harmonie. Elle peut ainsi à la fois réfléchir et réagir, tandis qu'un homme a tendance à réfléchir moins et à réagir plus face aux situations. Une femme peut écouter les chagrins des autres et y répondre avec compassion. Et pourtant, confrontée à une situation difficile, elle est capable de se montrer à la hauteur et de réagir avec autant de force que n'importe quel homme.

Dans le monde actuel, tout est pollué, tout est rendu artificiel. Dans un tel environnement, une femme doit faire particulièrement attention à ce que ses vertus maternelles, sa nature essentielle de femme, ne soit pas contaminée et pervertie.

En profondeur, il y a un homme en toute femme et une femme en tout homme. Il y a des siècles que cette vérité a été révélée aux grands sages et visionnaires au cours de leur méditation. C'est ce que symbolise la conception du dieu mi-homme, mi-femme (*ardhanariswara*) dans la religion hindoue. Que vous soyez un homme ou une femme, votre véritable humanité ne se révèlera que quand les vertus féminines et masculines en vous seront en équilibre.

L'Éveil de l'Amour maternel universel

Les hommes ont eux aussi grandement souffert de l'exil du principe féminin hors de ce monde. Non seulement les femmes ont été opprimées, mais l'aspect féminin contenu en tout homme a été réprimé ; en conséquence, la vie des hommes est devenue fragmentée, souvent douloureuse. Les hommes doivent eux aussi éveiller leurs qualités féminines. C'est d'une manière plus compréhensive et empreinte de compassion qu'il leur faut approcher les femmes et se relier au monde.

Les statistiques montrent que ce sont les hommes qui commettent l'immense majorité des délits et des crimes en ce monde, non les femmes. Il y a en outre un lien profond entre la manière dont les hommes détruisent Mère Nature et leur attitude envers les femmes. Nous devons accorder la même importance à la Nature qu'à notre mère biologique.

Seuls l'amour, la compassion et la patience, qualités fondamentales des femmes, ont le pouvoir de diminuer les tendances intrinsèquement agressives et hyperactives des hommes. De même, certaines femmes ont besoin de développer des qualités masculines pour ne pas être paralysées par leur bonté et leur pureté.

Discours prononcé par Sri Mata Amritanandamayi

Les femmes sont l'énergie et le fondement même de notre existence en ce monde. Quand les femmes perdent le contact avec leur être réel, l'harmonie du monde est anéantie pour laisser place à la destruction. Il est donc crucial que partout, les femmes fassent tous les efforts possibles pour redécouvrir leur nature fondamentale, car c'est seulement ainsi que nous pourrons sauver le monde.

Le monde a aujourd'hui besoin de la coopération entre hommes et femmes, fondée sur un sentiment solide d'unité au sein de la famille et dans la société. Les guerres et les conflits, la souffrance et le manque de paix qui affligent le monde actuel, tout cela connaîtra certainement une forte diminution si hommes et femmes commencent à coopérer et à s'apporter un soutien mutuel. A moins que l'harmonie entre le masculin et le féminin, entre hommes et femmes, ne soit rétablie, la paix continuera à n'être rien de plus qu'un rêve lointain.

Il existe deux sortes de langages en ce monde : celui de l'intellect et celui du cœur. Le langage de l'intellect sec et rationnel aime argumenter et attaquer. L'agressivité est sa nature. Purement masculin, il est dépourvu d'amour et incapable de se relier à l'autre. Il dit : « Non seulement j'ai raison et et tu as tort, mais je dois te le prouver à tout prix afin que tu me cèdes. » Le fait de dominer les autres et d'en faire des marionnettes qui dansent à leur gré est caractéristique de ceux qui parlent ce langage. Ils essaient d'imposer leurs idées aux autres ; leur cœur est fermé ; ils tiennent rarement compte des sentiments d'autrui. Ils ne se préoccupent que de leur ego et de leurs idées creuses de victoire.

Le langage du cœur, le langage de l'amour, qui est lié au principe féminin, est tout à fait différent. Ceux qui parlent ce langage ne se préoccupent pas de leur ego. Cela ne les intéresse pas de prouver qu'ils ont raison ou que quelqu'un d'autre a tort. Ils éprouvent une sollicitude profonde envers leurs frères humains et ils souhaitent les aider, leur apporter un soutien et leur permettre de s'élever. Leur seule présence est transformatrice. Ce sont eux qui, en ce monde, apportent l'espoir tangible et la lumière. Ceux qui les approchent renaissent. Lorsque de tels êtres parlent, ce n'est pas dans le but de donner des leçons, d'impressionner ou d'argumenter ; il s'agit d'une véritable communion des cœurs.

Discours prononcé par Sri Mata Amritanandamayi

L'amour vrai n'a rien à voir avec le désir sensuel ni avec l'égocentrisme. Dans l'amour réel, vous n'êtes pas important ; c'est l'autre qui est important. Dans l'amour, l'autre n'est pas l'instrument qui vous permet de satisfaire vos désirs égoïstes ; vous êtes un instrument du Divin dont l'intention est de faire le bien en ce monde. L'amour ne sacrifie pas autrui ; il donne joyeusement de lui-même. L'amour est désintéressé ; mais il ne s'agit pas du désintéressement imposé aux femmes reléguées au second plan, traitées comme des objets. Dans l'amour vrai, vous n'avez pas le sentiment d'être sans valeur ; au contraire, vous grandissez jusqu'à ne plus faire qu'un avec tout ce qui est, englobant tout, éternellement plongé dans la béatitude.

Dans le monde actuel, c'est malheureusement le langage de l'intellect qui prévaut, et non celui du cœur. Ce sont l'égoïsme et l'œil du désir sensuel, non l'amour, qui dominent le monde. Des êtres à l'esprit étroit influencent ceux dont le mental est plus faible et les utilisent pour atteindre leurs buts égoïstes. Les enseignements des sages d'autrefois ont été déformés pour rentrer dans les cadres étroits des désirs égoïstes des hommes. La notion d'amour a été dénaturée.

C'est pourquoi le monde est rempli de conflits, de violence et de guerres.

La femme est la créatrice du genre humain. Elle est le premier gourou, le premier guide et mentor de l'humanité. Songez aux forces immenses, bonnes ou mauvaises, qu'un être humain peut libérer dans le monde. Que nous en soyons conscient ou non, chacun de nous a un effet profond sur les autres. Il ne faut surtout pas sous-estimer la responsabilité d'une mère, l'influence qu'elle a sur ses enfants. Le proverbe qui affirme qu'à l'origine de la réussite d'un homme, il y a toujours la force d'une femme, contient beaucoup de vérité. Partout où vous voyez des individus heureux et paisibles, des enfants dotés de nobles vertus et de bonnes dispositions, des hommes faisant preuve d'une force immense face à l'échec ou à l'adversité, des êtres qui possèdent une grande capacité de compréhension, de sympathie, d'amour et de compassion envers ceux qui souffrent et qui font don d'eux-mêmes aux autres, vous trouverez généralement une mère admirable qui les a inspirés, et qui a fait d'eux ce qu'ils sont.

Ce sont les mères qui sont le plus à même de semer les graines de l'amour, de la fraternité universelle et de la patience dans l'esprit des êtres humains. Les qualités intrinsèques de la mère se transmettent à l'enfant par le lait maternel. La mère comprend le cœur de son enfant ; elle le nourrit de son amour, elle lui enseigne à voir dans la vie des leçons positives et corrige ses erreurs. Il suffit de marcher plusieurs fois sur un pré d'herbe tendre et verte pour y créer un chemin. Les pensées positives et les valeurs morales que nous inculquons à nos enfants resteront éternellement en eux. Il est aisé de modeler le caractère d'un enfant quand il est très jeune ; c'est beaucoup plus difficile une fois qu'il est grand.

Un jeune homme est un jour venu voir Amma pendant qu'elle donnait le *darshan* en Inde. Il vivait dans une région du pays ravagée par le terrorisme.

Les gens souffraient beaucoup de la fréquence des meurtres et des pillages. Il dit à Amma qu'il était chef d'un groupe de jeunes qui accomplissait beaucoup de travail social dans cette zone. Il pria Amma ainsi : « Je t'en prie, éclaire les terroristes si pleins de haine et de violence en leur donnant une compréhension juste. Quant à ceux qui ont subi tant d'atrocités et qui ont tant souffert, je t'en prie, remplis leur cœur de l'esprit de pardon. Sinon la situation ira de mal en pis et il n'y aura pas de fin à la violence. »

Amma fut ravie d'entendre cette prière pour la paix et le pardon. Quand elle lui demanda pourquoi il avait choisi de se tourner vers le service social, il répondit : « C'est ma mère qui m'a donné l'inspiration nécessaire. Mon enfance a été sombre et terrifiante. A l'âge de six ans, j'ai vu de mes propres yeux mon père, un homme qui chérissait la paix, être assassiné brutalement par des terroristes. J'ai réussi à m'échapper mais ma vie en a été brisée. J'étais rempli de haine contre les assassins et je ne pensais qu'à me venger. Mais ma mère m'a aidé à changer d'attitude. Chaque fois que je lui disais que j'allais un jour venger la mort de mon père, elle répondait : « Mon fils, est-ce que cela redonnera la vie à ton père si tu tues ces gens ? Vois comme ta grand-mère est toujours triste. Vois comme il m'est difficile de joindre les deux bouts sans ton père. Et vois comme tu es triste, comme tu souffres de ne pas avoir ton père. Veux-tu que d'autres mères et d'autres enfants souffrent comme nous ? Leur douleur sera aussi forte que la nôtre. Essaie de pardonner aux assassins de ton père leurs terribles actions et de répandre plutôt le message de l'amour et de la fraternité universelle. » Une fois adulte, je fus invité à rejoindre plusieurs groupes de terroristes pour venger la mort de mon père. Mais les graines de pardon semées par ma mère avaient germé et j'ai refusé toutes ces offres. J'ai réussi également à parler à quelques-uns des jeunes et à leur transmettre le conseil que ma mère m'avait donné. Cela a transformé le cœur de beaucoup d'entre eux qui ont maintenant changé de conduite et m'aident dans mon travail d'aide sociale. »

L'amour et la compassion que ce garçon a choisi de répandre dans le monde ont jailli de la fontaine d'amour qui existait chez sa mère.

C'est ainsi, à travers l'influence qu'elle a sur son enfant, qu'une mère influence l'avenir du monde. Où qu'elle soit, une femme qui s'est éveillée à sa nature de mère apporte le paradis sur terre. Seules les femmes peuvent créer un monde paisible et heureux. C'est ainsi que la mère qui berce le bébé est aussi celle qui tient la lampe, apportant ainsi au monde la lumière.

Les hommes ne devraient jamais essayer d'empêcher une femme d'occuper dans la société la position qui lui revient de droit. Il faut qu'ils comprennent que la contribution pleine et entière des femmes est d'une importance vitale et qu'ils arrêtent de leur barrer le chemin ; en vérité, ils devraient préparer la voie pour leur permettre d'avancer plus facilement.

Une femme, de son côté, doit penser à ce qu'elle peut donner à la société plutôt qu'à ce qu'elle peut prendre. Cette attitude l'aidera certainement à progresser. Il faut souligner qu'une femme n'a pas besoin de recevoir ni de prendre quoi que ce soit de qui que ce soit. Elle doit simplement s'éveiller. Elle sera alors capable d'offrir à la société tout ce qu'elle désire lui donner, et elle obtiendra tout ce dont elle a besoin.

Plutôt que de rouiller en passant leur vie entière entre les quatre murs de la cuisine, il serait donc bon que les femmes sortent pour partager avec les autres ce qu'elles ont à donner et pour atteindre les buts qu'elles se sont fixés. Aujourd'hui, alors que la concurrence et la colère sont partout la norme, ce sont la patience et la tolérance des femmes qui créent l'harmonie dans le monde. De même qu'un circuit électrique complet requiert la présence du pôle positif et du pôle négatif, pour que la vie coule dans toute sa plénitude, la présence et la contribution des femmes sont tout aussi nécessaires que celles des hommes. C'est seulement quand hommes et femmes deviendront complémentaires et se soutiendront mutuellement qu'ils pourront s'épanouir intérieurement.

De manière générale, les femmes vivent actuellement dans un monde façonné pour et par les hommes. Elles n'ont aucun besoin de ce monde-là ; il leur faut établir leur propre identité et recréer ainsi la société. Mais elles doivent se rappeler ce que signifie réellement la liberté. Il ne s'agit pas d'avoir toute licence de vivre et de se comporter comme bon nous semble, pourvu que cela nous plaise, sans souci des conséquences d'une telle attitude pour autrui. Cela ne signifie pas que les épouses et les mères doivent fuir leurs responsabilités familiales. La liberté d'une femme, son ascension, commencent à l'intérieur d'elle-même. En outre, pour que la *shakti*, c'est-à-dire la pure énergie, s'éveille chez une femme, il lui faut d'abord prendre conscience de ses propres faiblesses. Elle peut ensuite les surmonter grâce à la volonté, au service désintéressé et aux pratiques spirituelles.

Dans leurs efforts pour retrouver dans la société le statut qui leur revient de droit, les femmes ne devraient jamais perdre ce qui constitue l'essence de leur nature. C'est une tendance que l'on peut observer dans de nombreux pays et qui n'aidera jamais les femmes à conquérir leur véritable liberté. Il est impossible d'atteindre la liberté réelle en imitant les hommes. Si les femmes elles-mêmes se détournent du principe féminin, il en résultera l'échec absolu des femmes et de la société. Les problèmes du monde ne seront pas résolus, ils en seront aggravés. Si les femmes rejettent leurs qualités féminines et s'efforcent de devenir pareilles aux hommes en cultivant uniquement les qualités masculines, le déséquilibre du monde ne fera que s'accentuer. Ce n'est pas ce qu'il faut à notre époque. Le besoin réel du monde actuel, c'est que les femmes apportent tout ce qu'elles peuvent à la société en développant leur amour maternel universel, tout comme leurs qualités masculines.

Tant que les femmes ne font pas l'effort de s'éveiller, elles se créent leur petit monde bien étroit et elles en sont d'une certaine manière responsables.

Plus une femme s'identifie à sa nature intérieure de mère, plus elle s'éveille à cette *shakti* ou pure énergie. Lorsque les femmes développeront cette puissance intérieure, le monde commencera à écouter leur voix avec une attention toujours plus soutenue.

Nombreuses sont les personnes et les organisations qui, comme les Nations-Unies, font des efforts louables pour encourager l'évolution des femmes et Amma souhaite leur rendre hommage. Cette conférence nous offre l'occasion de construire sur ces fondations. Amma aimerait vous présenter quelques suggestions :

1. Les chefs religieux doivent faire tous les efforts possibles pour guider leurs fidèles et les faire revenir à l'essence réelle de la spiritualité, et condamner à la lumière de cette essence toutes les oppressions et les violences que subissent les femmes.

2. Les Nations Unies doivent maintenir une présence dans les zones de guerre et de conflit entre les communautés où les femmes et les enfants sont particulièrement visés afin de les protéger.

3. Il faut que toutes les religions et toutes les nations condamnent des pratiques aussi honteuses que l'avortement des fœtus féminins, l'infanticide des bébés filles et les mutilations génitales des filles.

4. Il faut supprimer le travail des enfants.

5. Le système des dots doit être aboli.

6. Les Nations Unies et les chefs de toutes les nations doivent intensifier leurs efforts pour arrêter le trafic d'enfants et l'exploitation sexuelle des petites filles. Il faut que les conséquences pénales de tels actes soient dissuasives.

7. Le nombre de viols qui ont lieu dans le monde entier est stupéfiant. Et le fait que, dans certains pays, ce soit la *victime* du viol qui soit punie est incompréhensible. Pouvons-nous nous contenter de rester spectateurs ? Un effort concerté doit être fait au niveau international afin d'éduquer les jeunes hommes et de mettre fin au viol et à toute forme de violence envers les femmes.

8. La dignité des femmes est agressée par des publicités qui les traitent comme des objets sexuels. Nous ne devrions pas tolérer cette exploitation.

9. Les chefs religieux doivent encourager les fidèles à faire du service désintéressé une partie intégrante de leur vie.

L'amour maternel n'est pas le privilège des femmes qui enfantent ; c'est une qualité inhérente à l'homme aussi bien qu'à la femme. C'est un état d'esprit. C'est l'amour, et cet amour est le souffle même de la vie. Personne ne déclare : « Je ne respirerai qu'en compagnie de ma famille et de mes enfants, je ne respirerai pas en présence de mes ennemis. » De même, chez ceux en qui le sentiment maternel s'est éveillé, l'amour et la compassion envers tous les êtres sont aussi naturels que le fait de respirer.

Amma a le sentiment que l'ère qui s'ouvre doit être consacrée à réveiller la faculté de guérison inhérente à la qualité maternelle. C'est la seule manière de réaliser notre rêve de paix et d'harmonie universelle. Et c'est possible ! C'est à nous qu'il appartient d'agir ! Gardons cela en mémoire et avançons.

Amma aimerait remercier toutes les personnes ayant participé à l'organisation de ce sommet. Amma rend profondément hommage à vos efforts en vue d'apporter la paix dans le monde. Puissent les graines de paix que nous semons aujourd'hui porter leurs fruits pour le bien de tous.

Om Namah Shivaya

www.ingramcontent.com/pod-product-compliance
Lightning Source LLC
Chambersburg PA
CBHW061957070426
42450CB00011BA/3169